D1810295

IL ÉTAIT UNE FOIS... LES DÉCOUVREURS

Laure Boyer

FLEURUS

www.fleuruseditions.com

www.hellomaestro.fr

BONJOUR LES ENFANTS !

Je vous invite à un passionnant voyage sur les traces des plus grands découvreurs de l'histoire. De merveilleuses inventions et de fabuleuses découvertes ont germé de leurs esprits au fil des siècles. Grâce à leur détermination et au temps qu'ils ont passé à voyager, bricoler, faire des recherches ou réaliser des expériences, le monde a connu des évolutions très importantes. Et ce, dans des domaines très variés tels que les transports, l'énergie, la médecine ou encore la communication.

Allez, venez, je vous emmène à leur rencontre !

SOMMAIRE

Découvre aussi :
Les mesures du temps
Léonard de Vinci
dans le DVD !

LES CHINOIS
DES INVENTEURS DE GÉNIE

Grâce à leurs innovations, les Chinois ont grandement amélioré le quotidien des hommes !

Le papier

Vers l'an – 200, les Chinois ont l'idée de fabriquer du papier à partir d'une pâte confectionnée avec des écorces d'arbres, des plantes et même des chiffons. Jusqu'alors, on écrivait sur de la soie, bien plus chère, ou des tablettes de bambou, assez lourdes.

La roue à aubes

Pour faciliter leurs trajets maritimes, les Chinois ont équipé leurs bateaux de roues à aubes. Ce sont des roues en partie immergées, munies de pales, qui permettent de faire avancer l'embarcation plus vite et plus facilement qu'avec de simples rames.

SUR QUEL CONTINENT LA CHINE SE TROUVE-T-ELLE ?
Réponse p. 48.

La poudre à canon

Également appelée poudre noire, la poudre à canon aurait été inventée par un médecin chinois qui tentait de créer un élixir rendant immortel ! Elle a en fait servi à fabriquer des bombes ou à faire fonctionner des canons, mais pas seulement. C'est aussi grâce à elle que sont nés les premiers feux d'artifice.

L'INFO de Maestro

Bien avant Gutenberg (*voir p. 12-13*), les Chinois avaient déjà réussi à imprimer des livres !

La boussole

C'est aux alentours de l'an 1000 que la première boussole est fabriquée. Elle est alors composée d'un plateau sur lequel est posé un objet qui ressemble à une cuillère : c'est lui qui pointe vers le sud grâce à la matière aimantée dont il est fait. Avec cette invention, les hommes ont pu s'orienter beaucoup plus facilement lors de leurs déplacements.

Le harnais de poitrail

Pour rendre leurs animaux de trait plus efficaces, les paysans chinois ont l'idée d'harnacher les bœufs et les chevaux au niveau du poitrail lors de travaux agricoles. Auparavant, on les attachait par le cou, ce qui était très inconfortable pour les bêtes.

ARCHIMÈDE
LE GÉNIE ANTIQUE

Ce savant grec était un mathématicien reconnu, mais aussi un inventeur de génie.

Une vie sédentaire

Fils de l'astronome Phidias, Archimède passe presque toute sa vie à Syracuse, en Sicile, à l'époque où la ville appartient encore aux Grecs.

De bons calculs

Archimède est connu pour ses recherches sur le nombre pi (qui s'écrit π), que l'on utilise beaucoup en mathématiques et en physique. Il permet, entre autres, de calculer les dimensions d'un cercle.

Un précieux défenseur

Lorsque les Romains viennent assiéger Syracuse, Archimède invente des machines qui se révèlent très efficaces pour lutter contre l'ennemi. Parmi celles-ci figurent des catapultes, qui sont capables de propulser d'énormes blocs de pierre sur l'armée romaine.

Une loi « aquatique »

La poussée d'Archimède est la force verticale qui s'exerce de bas en haut lorsque l'on plonge un objet dans un liquide. Elle explique notamment pourquoi certains objets flottent et pas d'autres. On raconte qu'Archimède aurait découvert cette loi scientifique dans son bain.

Grâce au principe de la poussée, Archimède a prouvé que la couronne du roi Hiéron II n'était pas faite uniquement d'or.

DANS L'EAU, LE BOIS COULE-T-IL ?

Réponse p. 48.

L'INFO de Maestro

Archimède a aussi inventé une « vis sans fin » qui permet de faire remonter les liquides. On l'utilisait pendant l'Antiquité pour arroser les champs.

LES PREMIERS INSTRUMENTS DE MESURE DU TEMPS

Bien avant nos horloges modernes, les hommes de l'Antiquité ont rivalisé d'ingéniosité pour concevoir des outils permettant de se repérer dans le temps.

ANTIQUITÉ

Le gnomon

Simple bâton planté dans le sol ou tenu par une main, le gnomon est l'ancêtre du cadran solaire. La taille et la direction de l'ombre qu'il projette varient selon la hauteur du soleil, ce qui indique le moment de la journée.

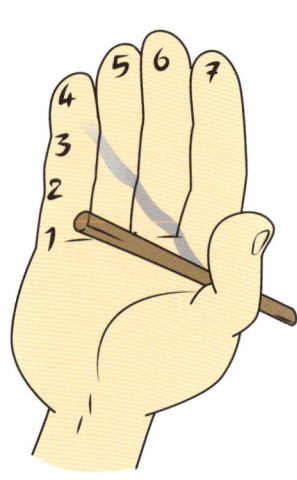

La clepsydre

Sorte d'horloge à eau, la clepsydre est un récipient gradué dans lequel on a percé un trou. Il suffit de la remplir, puis d'observer le niveau de l'eau pour connaître le temps écoulé. Contrairement au cadran solaire, qui a besoin du soleil, elle peut être utilisée la nuit.

À QUELLE HEURE DE LA JOURNÉE LE SOLEIL EST-IL LE PLUS HAUT DANS LE CIEL ?

Réponse p. 48.

Le cadran solaire

Vieux de plusieurs millénaires, cet instrument a beaucoup été utilisé jusqu'aux années 1900. Il est composé du « style », tige plantée sur une surface graduée appelée table. Le trait sur lequel l'ombre du style est portée à un instant donné indique l'heure.

L'INFO de Maestro

À l'époque où personne n'avait encore de montre, la population pouvait connaître l'heure grâce aux cloches des églises. La plupart d'entre elles sonnent encore aujourd'hui à intervalles réguliers.

Le sablier

Encore utilisé aujourd'hui pour les jeux de société, le sablier est un accessoire très pratique. Rempli à moitié de sable, il permet de connaître une durée précise… mais unique : celle que met le sable à s'écouler dans la partie inférieure.

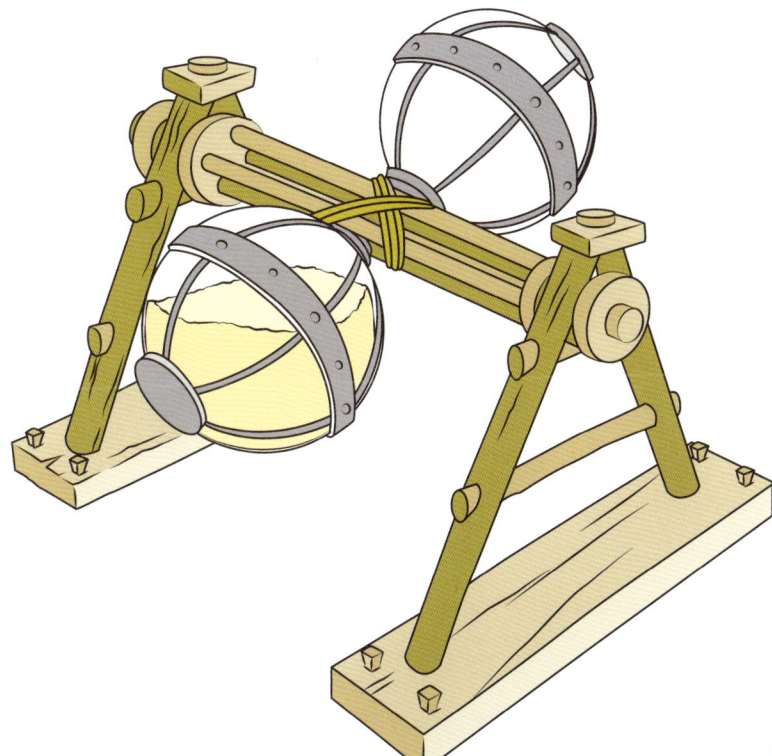

HENRI LE NAVIGATEUR
À LA CONQUÊTE DE L'AFRIQUE

Contrairement à ce qu'indique son surnom, ce prince portugais
a passé très peu de temps en mer au cours de sa vie,
mais c'est grâce à lui que de nombreux navigateurs de son pays
ont pu se lancer à la découverte de nouveaux territoires.

Fils du roi du Portugal Jean Ier, Henri rêve de conquérir des territoires et d'en rapporter de nouvelles richesses. Ce prince très fortuné finance ainsi de nombreuses expéditions le long des côtes africaines, qui permettent au Portugal d'étendre sa puissance. Henri ne participe qu'à un seul de ces voyages, à l'âge de 21 ans, et passe le reste de sa vie à étudier aux côtés de marins, de cartographes et de spécialistes de la navigation. Année après année, les marins portugais découvrent grâce à lui de nouvelles terres et de nouveaux itinéraires.

1415

Henri conduit sa flotte vers Ceuta, au Maroc, et prend la ville aux musulmans, qui y habitaient depuis des centaines d'années. Il trouve dans ce grand port africain de l'or, des céréales et des épices. Cette conquête, qui sera son unique voyage, marque le début d'une série d'expéditions en Afrique.

1434

Le navigateur Gil Eanes atteint le cap Bojador, surnommé « cap de la Peur », un passage que l'on croyait jusqu'alors infranchissable. Les Portugais sont à la recherche d'un itinéraire pour se rendre aux Indes en bateau, objectif qui sera atteint par Vasco de Gama en 1498.

Dico

Un cap est une pointe de terre qui s'avance dans la mer.

EUROPE

MER NOIRE

ASIE

OCÉAN ATLANTIQUE

Portugal
Lisbonne
Sagres
Ceuta

MER MÉDITERRANÉE

Cap Bojador

MER ROUGE

Inde

AFRIQUE

OCÉAN INDIEN

Madagascar

Cap de Bonne-Espérance

Great Fish River

1488

Près de trente ans après la mort d'Henri, Bartolomeu Dias est le premier Européen à dépasser la pointe sud de l'Afrique, le cap de Bonne-Espérance.

L'INFO de Maestro

Afin d'aider les navigateurs, Henri a mis à leur disposition des instruments pour se repérer en mer ainsi que des cartes marines.

GUTENBERG

LE PREMIER IMPRIMEUR

Avant Gutenberg, peu de gens avaient accès à la lecture. Son invention a tout changé.

Une machine révolutionnaire

Jusqu'à l'apparition de l'imprimerie, les livres étaient recopiés à la main sur du papier ou du parchemin. On pouvait aussi graver des textes sur du cuivre ou du bois, ce qui prenait énormément de temps. En 1450, Johannes Gutenberg conçoit une machine qui permet d'imprimer la même page autant de fois que souhaité, en un temps record.

Chaque lettre est ciselée sur une pièce de métal appelée poinçon.

Un procédé astucieux

Son système comprend trois parties : une machine appelée presse à bras, des lettres de l'alphabet en relief et une encre spéciale qui est étalée avec des pelotes de crin de cheval. En formant des mots avec ces lettres, il constitue des pages qu'il imprime ensuite à volonté.

Dico

Le procédé qui consiste à imprimer à partir de formes en relief s'appelle **la typographie.**

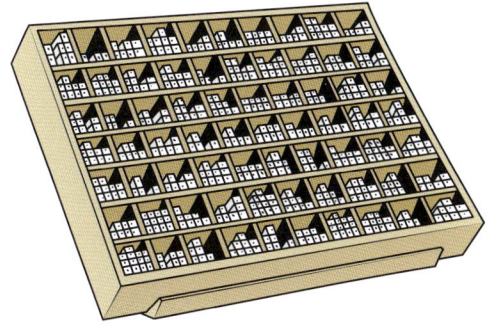

Les lettres sont rangées dans un casier en bois : la casse.

Un chef-d'œuvre de papier

Gutenberg commence ainsi à produire des textes courts, comme des poésies. Puis il imprime une Bible qui devient, en 1455, le premier livre imprimé d'Occident. Grâce à Gutenberg, de nombreuses imprimeries voient ensuite le jour partout en Europe.

L'INFO de Maestro

Il reste aujourd'hui dans le monde une cinquantaine d'exemplaires de la Bible de Gutenberg, dont certains valent plusieurs millions d'euros !

LES PROGRÈS DE LA MÉDECINE

Depuis l'Antiquité, la manière de soigner les gens a beaucoup évolué… pour le bien-être des malades !

Les premiers soigneurs

Durant la préhistoire, il n'y a pas de médecins. Des sorciers tentent de guérir leurs semblables grâce aux plantes ou en prononçant des incantations. Il arrive également que l'on perce les crânes des malades pour tenter de faire sortir le mal de leur corps…

L'acupuncture

Inventée en Chine il y a des milliers d'années, l'acupuncture est encore utilisée aujourd'hui partout dans le monde. Cette pratique consiste à planter des aiguilles très fines en des points précis du corps pour soulager des douleurs ou relaxer le patient.

Vers la médecine moderne

Considéré comme le père de la médecine, le Grec Hippocrate ne compte plus sur la magie ou les prières pour guérir les gens. Il cherche à connaître la cause de la maladie pour mieux la soigner. Son serment, qui liste les devoirs du médecin, est encore prononcé aujourd'hui par les jeunes diplômés.

Claude Galien

Grand spécialiste du corps humain et de ses organes, Galien se considère comme le successeur de son compatriote Hippocrate. Après avoir soigné de nombreux gladiateurs, il guérit l'empereur Marc Aurèle à Rome et devient son médecin personnel. Ses idées influenceront la médecine pendant plus de mille ans.

Les débuts de la chirurgie

Le Français Ambroise Paré a été le chirurgien attitré de quatre rois de France, qu'il accompagna lors de leurs guerres. Sur le front, il expérimente avec succès de nouveaux moyens, moins douloureux, pour soigner les blessés. Il invente également des instruments médicaux et conçoit des prothèses pour améliorer le quotidien des personnes qui ont perdu un membre.

L'INFO de Maestro

Avant Ambroise Paré, les médecins versaient de l'huile bouillante sur les plaies pour les cautériser, c'est-à-dire détruire les parties malades et arrêter l'écoulement du sang.

GALILÉE
UN SAVANT INCOMPRIS

En observant le ciel, Galilée a fait des découvertes
majeures sur la Terre et les astres qui l'entourent.

Un talent précoce

Né à Pise en 1564, Galilée commence
à inventer des machines dès son
enfance. Son père souhaite qu'il
devienne médecin, mais le jeune
homme se tourne finalement vers
les mathématiques, l'astronomie
et la physique.

*Parmi les inventions de
Galilée figure l'ancêtre
de nos thermomètres
modernes !*

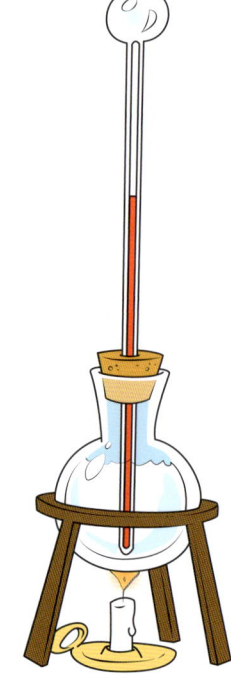

Premières observations

Galilée enseigne ensuite les
mathématiques à l'université. Il réalise
des expériences pour prouver que
des objets de même forme tombent
tous à la même vitesse, quel que
soit leur poids. C'est une idée très
novatrice à l'époque.

Dico

Le télescope renferme des miroirs qui réfléchissent les rayons lumineux alors que **la lunette astronomique** fonctionne grâce à des lentilles.

1609

Un fabuleux instrument !

En 1609, un inventeur hollandais crée une lunette astronomique. Galilée en fabrique alors une copie qui lui permet de grossir jusqu'à trente fois les objets observés. Avec cet instrument, très novateur pour l'époque, il recueille des informations importantes sur la Lune, Jupiter ou encore Vénus...

Galilée souffrait de problèmes de vue qui l'ont rendu progressivement aveugle quelques années avant sa mort.

L'INFO de Maestro

C'est longtemps après sa mort que Galilée a véritablement été reconnu comme un grand savant. En Italie, de nombreuses écoles et même l'aéroport de Pise portent son nom !

Une vérité qui fâche...

Le savant est convaincu que la Terre tourne autour du Soleil et ne se trouve pas au centre de l'Univers, contrairement à ce que l'on pensait alors. Ses théories ne plaisent pas à l'Église catholique, qui lui demande de renoncer à ses idées lors d'un procès en 1633. Il obéit à contrecœur mais est malgré tout condamné à rester chez lui jusqu'à la fin de sa vie.

1642

NEWTON
ET LA GRAVITATION

Considéré comme l'un des plus grands génies de tous les temps, ce savant anglais est surtout connu pour avoir découvert le principe de l'attraction universelle.

1655

Premières expériences

Enfant, Isaac Newton passe beaucoup de son temps libre à bricoler. Il fabrique ainsi un moulin miniature qui fonctionne grâce à une souris courant dans une roue. Parmi ses autres inventions, on compte des clepsydres et des cadrans solaires (*voir p. 8-9*).

1666

Dico

La gravitation est le phénomène d'attraction qu'exercent entre elles deux masses distinctes. C'est elle qui explique le mouvement circulaire des planètes autour du Soleil, et de la Lune autour de la Terre.

Une histoire de chute

On raconte que Newton aurait fait sa plus grande découverte quand une pomme lui est tombée sur la tête alors qu'il était assis au pied d'un arbre. Il se serait alors demandé pourquoi la Lune ne tombe pas elle aussi et en aurait déduit la théorie de la gravitation.

Carte d'identité

Nom : le télescope de Newton

Date d'invention : 1668

Longueur : 30 cm

Diamètre : 15 cm

Ancêtre : lunette de Galilée (*voir p. 17*)

Innovation : l'usage de deux miroirs, moins chers à fabriquer que les lentilles de la lunette

Postérité : de nos jours, on utilise toujours ce télescope, dans une version améliorée

1667

Et la lumière fut !

En faisant passer la lumière du soleil à travers un bloc de verre taillé appelé prisme, Newton obtient une bande aux couleurs de l'arc-en-ciel. Il en déduit alors que la lumière que nos yeux voient blanche est en fait un mélange de toutes ces couleurs.

L'HISTOIRE NATURELLE
DE BUFFON

Écrivain et naturaliste français, Buffon a permis d'étendre considérablement le savoir sur la faune et la flore.

Un étudiant curieux

Fils d'un homme politique, Georges Louis de Buffon étudie le droit, avant de se tourner vers les mathématiques et la botanique, l'étude des végétaux. Après avoir voyagé en Europe afin d'observer la nature, il s'installe à Paris en 1732. Ses premiers ouvrages, portant notamment sur les mathématiques, sont très remarqués.

Au service du roi

Lorsque l'intendant du Jardin du roi meurt en 1739, Buffon le remplace. Il occupe ce poste de directeur jusqu'à sa mort, soit pendant près de cinquante ans, et n'a de cesse d'agrandir et d'améliorer ce lieu parisien. Ce qu'on appellera plus tard le Jardin des Plantes devient grâce à Buffon un centre de recherches réputé en Europe.

Dico

Un naturaliste est un scientifique qui étudie les plantes, les minéraux et les animaux.

Buffon s'est attiré les foudres de l'Église à cause de ses théories sur la formation de la Terre, qui étaient différentes de celles de la Bible.

1749

L'œuvre d'une vie

En parallèle, Buffon se lance dans l'écriture de l'*Histoire naturelle*. Il veut en faire une encyclopédie très complète et y décrit notamment toutes les espèces animales. Dès la sortie des premiers tomes en 1749, le succès est immédiat ! Il publie 36 volumes de cette œuvre impressionnante comportant de nombreux dessins.

En 1747, Buffon prouve au roi Louis XV qu'il est possible d'enflammer à distance des matériaux, en y concentrant la lumière du soleil avec des miroirs.

L'INFO de Maestro

Bien que Buffon ait été reconnu comme un grand scientifique, l'*Histoire naturelle* comporte beaucoup d'erreurs. Le naturaliste y écrit notamment que la Terre est âgée de 74 000 ans, alors qu'elle s'est formée il y a plus de 4 milliards d'années.

LAVOISIER
PÈRE DE LA CHIMIE MODERNE

Doué et touche-à-tout,
ce savant français a concentré
la majorité de ses recherches
sur les gaz qui constituent l'air.

Sur le terrain

Passionné de géologie, Antoine de Lavoisier effectue plusieurs voyages en Europe, et surtout en France, pour collecter des minéraux. Il participe ensuite à l'élaboration d'un ouvrage qui en dresse la liste : l'*Atlas minéralogique de la France*.

Les travaux de Lavoisier sur l'éclairage des villes lui ont valu une médaille de la part du roi Louis XV en 1766.

1774

C'est dans l'air

En faisant ses expériences, Lavoisier découvre que l'air n'est pas constitué d'un seul gaz mais de plusieurs, principalement l'azote et l'oxygène. Il est ainsi le premier à identifier et à donner son nom à l'oxygène.

Lavoisier prouve qu'un être vivant a besoin de l'oxygène présent dans l'air qu'il respire.

Dico

La chimie est la science qui étudie la matière, qu'il s'agisse de solides, de liquides ou de gaz.

1789

Un classement très utile

En 1789, Lavoisier publie le *Traité élémentaire de chimie*, considéré comme le premier manuel moderne de cette discipline. On y trouve notamment une classification des éléments chimiques. Il en dénombre une trentaine, parmi lesquels l'hydrogène, le plomb ou encore l'or.

COMBIEN Y A-T-IL DE GRAMMES DANS UN KILOGRAMME ?

Réponse p. 48.

L'hydrogène est un gaz très léger qui n'a ni couleur ni odeur. C'est Lavoisier qui lui a trouvé son nom.

De nouvelles unités

À l'époque, il n'existe pas encore de système de mesures commun à tous. Lavoisier et son équipe créent le gramme et le kilogramme. Mais il est guillotiné pendant la Révolution française, avant que ces unités de poids soient officiellement utilisées en France.

STEPHENSON
ET SA « FUSÉE »

1829

En inventant la première locomotive à vapeur moderne, cet ingénieur anglais a permis au chemin de fer de se développer à vitesse grand V !

Né en 1781, George Stephenson commence à travailler très jeune. Doué pour réparer les machines, il devient chef mécanicien dans une mine et se met rapidement à construire ses propres engins. En 1829, il participe au concours de Rainhill, destiné à élire la meilleure locomotive. Il y présente un modèle appelé « Rocket ». Cette locomotive très performante pour l'époque remporte la compétition haut la main et est retenue pour effectuer les trajets de Manchester à Liverpool.

L'INFO de Maestro

La « fusée » de Stephenson est aujourd'hui exposée au Science Museum (musée de la science) de Londres.

Carte d'identité

Nom : *The Rocket* (« la fusée » en anglais)

Poids : 4 tonnes

Hauteur totale des roues : 1,40 mètre pour les grandes 76 centimètres pour les petites

Vitesse maximale : 45 km/heure le jour du concours

Date de mise en service : 1830

Combustible utilisé : charbon

Utilisation : transport de marchandises et de voyageurs

Le haut de la cheminée est revêtu d'un chapeau décoratif.

La vapeur produite par la chaudière est évacuée par la cheminée.

Le type de chaudière utilisée a été inventé par l'ingénieur français Marc Seguin.

RUCKET

La locomotive avance grâce à deux cylindres inclinés qui actionnent les roues.

Lors du concours, les grandes roues motrices étaient en bois. Elles ont ensuite été remplacées par des roues en acier.

FARADAY À LA DÉCOUVERTE DE L'ÉLECTRICITÉ

Ce savant britannique qui n'était pas destiné à exercer une profession scientifique a marqué l'histoire grâce à ses recherches sur l'électromagnétisme.

1805

Un grand lecteur

Alors qu'il n'a que 14 ans, Faraday devient apprenti chez un libraire. Très curieux, il en profite pour lire de nombreux ouvrages. Une fois adulte, il est remarqué par le chimiste Humphry Davy, qui l'embauche en tant qu'assistant.

L'INFO de Maestro

Le portrait de Faraday a été imprimé sur les billets de banque britanniques de 20 livres lors du bicentenaire de sa naissance, en 1991.

En laboratoire

Faraday s'intéresse d'abord à la chimie. Lors de ses expériences, il découvre notamment le benzène, un liquide incolore aujourd'hui utilisé dans la fabrication de l'essence.

Autour de l'électricité

Faraday consacre ensuite ses travaux à la physique et plus particulièrement à l'électromagnétisme. Il démontre qu'un aimant peut créer un courant électrique autour de lui. Cette découverte permettra de concevoir les premiers moteurs électriques.

Faraday réalise des expériences sur la torpille, un poisson doté d'organes électriques.

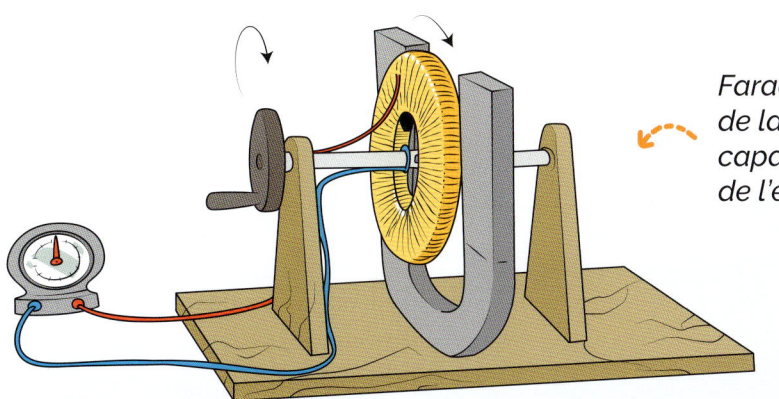

Faraday est l'inventeur de la dynamo, une machine capable de produire de l'électricité.

1832

Un testament scientifique

En 1832, soit trente-cinq ans avant sa mort, Faraday rédige un document dans lequel il détaille l'ensemble de ses recherches et théories, mais il demande qu'on ne l'ouvre pas avant cent ans. Lorsque son testament est lu finalement en 1937, on se rend compte que Faraday avait passé sous silence certaines de ses découvertes, pourtant très importantes !

Dico

L'électromagnétisme étudie les liens entre l'électricité et le magnétisme (la force générée par des matériaux comme les aimants).

LA THÉORIE DE DARWIN
SUR L'ÉVOLUTION DES ESPÈCES

Aujourd'hui reconnu comme un grand naturaliste,
Darwin a eu du mal à imposer ses idées de son vivant.

Un passionné de nature

À l'école, le jeune Charles Darwin n'est pas un bon élève. Il étudie malgré tout la médecine à l'université pour suivre les traces de son père. Mais il est beaucoup plus intéressé par les sciences naturelles.

En trouvant de vieux ossements ressemblant à ceux d'un tatou géant, Darwin comprend que cette espèce a sans doute rapetissé au fil du temps.

L'INFO de Maestro

C'est à l'époque de Darwin que les scientifiques ont avancé l'idée que l'homme descendrait du singe. On sait aujourd'hui que ce n'est pas vrai, mais que nous avons en revanche le même ancêtre.

Un voyage extraordinaire

En 1831, Darwin a la chance d'embarquer sur le *Beagle*, un navire qui part effectuer des recherches en Amérique du Sud. Le périple dure finalement cinq ans, pendant lesquels le jeune homme prend de nombreuses notes sur les animaux, les fossiles et les plantes qu'il observe dans les différents pays visités.

Des idées controversées

De retour en Angleterre, Darwin rédige le résultat de ses découvertes. Vingt ans plus tard, il publie le livre *De l'origine des espèces*, qui sera son œuvre majeure. Il y affirme que les animaux changent physiquement au fil des générations pour s'adapter à leur environnement. Cette théorie ne plaît pas à tout le monde, car elle va à l'encontre de ce que disent la Bible et les hypothèses scientifiques de l'époque.

Dico

Un fossile est un reste ou une empreinte de plante ou d'animal, conservés dans la roche.

Durant son voyage, Darwin remarque que les différentes espèces de pinsons des îles Galápagos n'ont pas toutes le même bec. Cette partie de leur corps s'est en effet adaptée au type de nourriture disponible sur chaque île.

Dans la nature, seuls les animaux les mieux adaptés subsistent. Ainsi, la girafe qui a le plus long cou peut plus facilement se nourrir dans les arbres et a plus de chances de survivre que les autres.

MENDEL ET LES SECRETS DE LA GÉNÉTIQUE

Grâce à sa curiosité et à sa grande patience, ce scientifique tchèque a percé les mystères des gènes en découvrant trois grands principes qu'on appellera plus tard « lois de Mendel ».

Un moine érudit

Issu d'une famille de paysans pauvres, Johann Mendel prend le prénom de Gregor quand il devient prêtre en 1847. Il enseigne d'abord les matières scientifiques dans des collèges et des lycées, puis il part étudier les sciences naturelles et la physique à Vienne pendant deux ans.

Dico

Un hybride est un animal ou un végétal issu du croisement de deux espèces. Le mulet, par exemple, est le petit d'un âne et d'une jument.
La génétique étudie les lois de l'hérédité, soit la transmission des particularités entre générations.

Un jardinier pas comme les autres

À son retour, Mendel commence à réaliser des expériences dans le jardin du monastère afin de comprendre la formation des hybrides. Il passe ainsi huit années à croiser des milliers de plants de plusieurs variétés de pois et à noter minutieusement ses résultats pour chaque génération de végétaux.

Des résultats surprenants

Mendel découvre notamment que certaines caractéristiques des « parents » peuvent disparaître chez les « enfants », avant de réapparaître à la génération suivante. Ainsi, des pois jaunes et des pois verts donnent toujours des pois jaunes. Mais si l'on croise ces pois jaunes entre eux, ils pourront à nouveau former des pois verts.

Une reconnaissance tardive

Mendel publie ses résultats en 1866, mais ils ne sont alors pas appréciés à leur juste valeur. Élu supérieur de son couvent, il consacre ensuite moins de temps à ses recherches. Et c'est seulement après sa mort, en 1884, que ses travaux seront véritablement reconnus.

L'INFO de Maestro

Mendel élevait des souris dans sa chambre pour pouvoir réaliser des expériences sur elles !

Mendel s'est beaucoup intéressé à l'élevage des abeilles à la fin de sa vie.

1885

PASTEUR

ET LE VACCIN CONTRE LA RAGE

Grâce à ses découvertes, ce grand scientifique a sauvé la vie de millions de gens dans le monde.

Une maladie mortelle

Causée par la morsure d'animaux comme les chiens ou les loups, la rage provoque encore de nombreux décès à la fin des années 1800. La population est terrifiée à l'idée d'attraper cette maladie !

En quête d'un vaccin

Louis Pasteur commence à faire des recherches sur la rage en étudiant des lapins. Il parvient ensuite à vacciner des chiens qui n'ont pas encore été mordus. Mais son objectif final est de trouver le moyen d'empêcher la maladie de se développer chez des hommes déjà contaminés.

Dico

Un vaccin est une forme de maladie atténuée, que l'on injecte à une personne ou à un animal : son corps va produire des substances pour se défendre, qu'il gardera toute sa vie.

L'INFO de Maestro

Avant celui de la rage, Louis Pasteur avait déjà trouvé des vaccins pour des animaux, dont celui de la maladie du charbon, qui tuait à l'époque de nombreux moutons.

Premier succès

En juillet 1885, Joseph Meister, un petit garçon de 9 ans mordu à plusieurs reprises par un chien enragé, est amené par ses parents chez Pasteur. Bien qu'il n'ait pas encore osé tester son remède sur les humains, le savant accepte d'injecter le vaccin à l'enfant. Dix jours plus tard, le garçon est en pleine forme : la maladie ne s'est pas déclenchée !

Un héros national

La nouvelle se répand immédiatement et les gens affluent pour recevoir le même traitement. Le savant a ensuite l'idée de créer un centre dédié à la recherche contre les maladies. Cet établissement parisien appelé Institut Pasteur existe encore aujourd'hui.

EDISON L'HOMME AUX 1000 INVENTIONS

Ce génie américain n'a eu de cesse de concevoir de nouveaux objets tout au long de sa vie, et ce dans des domaines très variés.

La machine à votes

1869

La première invention de Thomas Edison est une machine destinée à enregistrer automatiquement des votes. Elle n'intéresse malheureusement pas les membres du Congrès américain, chargés d'élaborer les lois, mais cela ne décourage pas notre jeune inventeur de continuer à bricoler dans son coin !

1877

Le phonographe

Edison a beau être quasiment sourd depuis l'enfance, il est à l'origine d'une fabuleuse machine « parlante » : le phonographe. Cet instrument mécanique permet pour la première fois d'enregistrer et de réécouter des sons, notamment de la musique et des voix.

Dico

Un filament dans une ampoule est un fil très fin par lequel passe l'électricité, ce qui le rend lumineux.

L'ampoule à filament

Après de nombreux essais sur différentes matières, Thomas Edison réussit à faire passer du courant électrique dans un filament en bambou, contenu dans une ampoule. Le 1er janvier 1880, il parvient à illuminer toute une rue de Menlo Park, une ville du New Jersey qui s'appelle aujourd'hui Edison en son honneur !

L'INFO de Maestro

Thomas Edison était tellement dissipé en classe que sa mère a très vite dû le retirer de l'école !

Le kinétoscope

Même si les frères Lumière sont reconnus comme les inventeurs du cinéma, Thomas Edison a contribué à cette belle découverte. Son kinétoscope permettait de visionner un film en faisant défiler très rapidement des images sur une pellicule logée à l'intérieur d'un coffre.

MARCONI
LE PÈRE DE LA RADIO

Cet inventeur italien a reçu le prix Nobel de physique en 1909
pour ses travaux sur la télégraphie sans fil, qui ont permis
de créer les premières radios.

L'INFO de Maestro

Le très prestigieux prix Nobel a été créé en 1901. Il récompense chaque année des hommes et des femmes qui ont fait progresser certains domaines comme la chimie, la littérature, la paix...

Un bricoleur astucieux

Très tôt, Guglielmo Marconi s'intéresse à la technique et notamment à l'électricité. Il commence à réaliser des expériences sur les ondes dans la propriété de ses parents. En 1895, il parvient à envoyer des signaux à plus de deux kilomètres, sans fil.

Dico

Un télégraphe est une machine qui permet de transmettre des messages à distance à l'aide d'un code fait de sons courts et de sons longs, **le morse**. **Une onde** est une vibration qui transporte de l'énergie.

Pour augmenter la distance de transmission des messages, Marconi et son assistant utilisent une antenne.

1897

Toujours plus loin

Comme son travail n'est pas vraiment pris au sérieux en Italie, Marconi décide de partir pour l'Angleterre. Là-bas, il réussit à établir une communication entre deux endroits distants de quatorze kilomètres. Il s'agit cependant encore de simples messages codés en morse et non de paroles.

1920

La radio est née !

Après être retourné vivre en Italie, Marconi établit en 1901 la première liaison transatlantique, de l'Angleterre au Canada. Mais il faut attendre 1920 pour qu'une émission radio soit diffusée au Royaume-Uni, à Chelmsford. Marconi crée dans cette ville la première usine de postes radio.

LA POPULAIRE VOITURE D'HENRY FORD

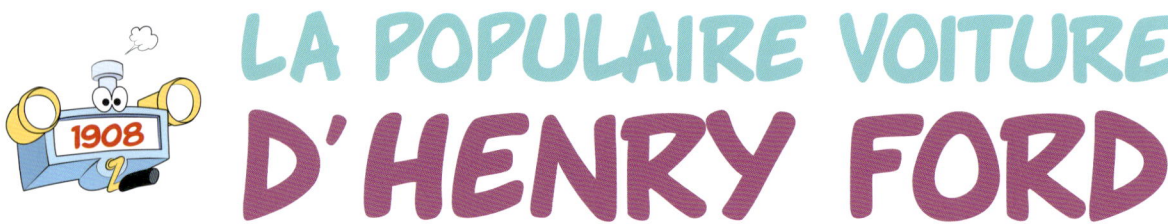

1908

Alors que l'automobile était réservée aux plus riches,
Henry Ford a réussi à produire une voiture solide
et peu chère à des millions d'exemplaires.

Né en 1863, Henry Ford arrête l'école à 15 ans,
âge auquel il fabrique son premier moteur à vapeur.
Ce passionné de bricolage et de mécanique réussit
ensuite à concevoir sa première automobile avec
des roues de vélo ! En 1903, il fonde sa propre société,
la Ford Motor Company. Cinq ans plus tard, l'entreprise
prospère grâce à la sortie de son usine de la Ford T.
Henry Ford augmente les salaires de ses ouvriers pour
qu'ils puissent s'offrir le modèle sur lequel ils travaillent.

*Contrairement à ce
modèle, les toutes
premières Ford T
n'avaient même
pas de portières !*

Dico

Le fordisme
est le nom donné à
l'organisation du travail
créée par Henry Ford. Il a
eu l'idée de mettre les pièces
de ses voitures sur un tapis roulant
pour que ses ouvriers n'aient plus
à se déplacer et soient ainsi plus
efficaces. C'est ce qu'on appelle
le travail à la chaîne.

*La voiture
démarre à
l'aide d'une
manivelle.*

*Durant les dernières
années de production,
les roues en bois ont
été remplacées par
des roues en acier.*

La Ford T est équipée de trois pédales. Celle de gauche permet d'avancer, celle du milieu de reculer et celle de droite de freiner.

Carte d'identité

Nom : Ford T

Surnoms : *Tin Lizzie* ou *Flivver*

Poids : entre 550 et 750 kg selon le modèle

Vitesse maximale : 70 km/h

Période de production : 1908–1927

Nombre d'exemplaires vendus : 15 millions

Temps d'assemblage : 1 h 30 dès 1913

Prix : 850 $ en 1908, 290 $ en 1921 (soit deux fois moins qu'une petite voiture d'aujourd'hui)

La majorité des Ford T sont noires. Moins coûteuse à produire, cette couleur a également l'avantage de durer plus longtemps.

LES PREMIERS
« FOUS VOLANTS »

Les hommes rêvent de voler depuis la nuit des temps, mais n'y sont vraiment parvenus qu'au début des années 1900, grâce à quelques pilotes téméraires.

1891

Otto Lilienthal

Cet inventeur allemand conçoit une quinzaine de machines « à ailes » sans moteur, qu'il teste lui-même en effectuant des vols planés du haut d'une colline. Le dernier d'entre eux lui sera fatal…

1903

Les frères Wright

Passionnés d'aéronautique, Orville et Wilbur Wright expérimentent plusieurs planeurs, tout en s'occupant de leur atelier de vélos. En 1903, ils effectuent le premier vol motorisé de l'histoire, qui dure seulement 12 secondes !

L'AUTEUR DU *PETIT PRINCE* ÉTAIT AUSSI AVIATEUR : COMMENT S'APPELAIT-IL ?

Réponse p. 48.

1909

Louis Blériot

Après de nombreux vols qui se soldent par des échecs, cet aviateur français parvient à traverser la Manche le 25 juillet. Parti de Calais, en France, il atterrit à Douvres, en Angleterre, seulement 37 minutes plus tard.

L'INFO de Maestro

80 000 avions décollent chaque jour dans le monde aujourd'hui, soit presque un par seconde !

1927

Charles Lindbergh

Un riche homme d'affaires promet 25 000 dollars à qui réussira à voler de New York à Paris sans escale. Certains pilotes y laissent la vie avant que Charles Lindbergh accomplisse cet exploit en 33 heures, devenant ainsi un véritable héros !

1921

Adrienne Bolland

Cette aviatrice est la première femme à réussir la traversée de la cordillère des Andes, la plus longue chaîne de montagnes du monde, située en Amérique du Sud. Très peu de pilotes ont jusqu'alors osé survoler cette zone très dangereuse.

MARIE CURIE
UNE FEMME DE PRIX !

À une époque où très peu de femmes se distinguaient dans le domaine des sciences, Marie Curie a surpassé les plus grands. Elle est l'une des scientifiques les plus célèbres de l'histoire.

1867

Une jeune fille brillante

Née en Pologne en 1867 sous le nom de Maria Sklodowska, elle prend le prénom de Marie lorsqu'elle choisit de déménager en France pour pouvoir étudier à l'université. Très bonne élève, elle obtient haut la main ses diplômes de mathématiques et de physique.

En 1906, Marie Curie devient la première femme professeure de la Sorbonne, une prestigieuse université parisienne.

Dico

La radioactivité est l'émission de rayonnements d'énergie par certains atomes. Elle peut être naturelle ou créée par l'homme.

1894

Un duo inséparable

En 1894, elle rencontre Pierre Curie, un scientifique, et l'épouse l'année d'après. Ensemble, ils font de longues recherches sur les rayonnements de certains éléments et leur donnent le nom de radioactivité.

La consécration

Leurs travaux apportent beaucoup à la science, et le couple reçoit le prix Nobel de physique en 1903. Malheureusement, Pierre meurt en 1906 et Marie doit continuer à travailler seule. Elle décroche un second prix Nobel, de chimie cette fois, en 1911.

L'INFO de Maestro

Irène Joliot-Curie, l'une des deux filles de Pierre et Marie, a elle aussi reçu un prix Nobel avec son mari en 1935 pour ses recherches sur la radioactivité.

Au service des autres

En 1914, la Première Guerre mondiale éclate. Marie Curie a alors l'idée d'envoyer de petites voitures équipées de matériel pour faire passer des radios aux blessés. Grâce aux rayons X, il est possible de localiser les fractures et les éventuelles balles logées dans le corps des soldats et ainsi d'identifier les soins à prodiguer. Ces véhicules viennent en aide à plus d'un million de combattants durant le conflit.

EINSTEIN

LE PLUS GRAND DES GÉNIES ?

Ce physicien d'origine allemande, devenu par la suite américain, est sans doute le scientifique le plus célèbre du siècle dernier.

Un élève moyen

À l'école, Albert Einstein est brillant en mathématiques mais pas dans les autres matières. Il n'est par ailleurs pas vraiment discipliné. Adolescent, il part étudier en Suisse, où il se passionne pour la physique. Mais rien ne laisse croire alors qu'il deviendra un aussi grand savant.

1905

L'INFO de Maestro

Einstein a également été l'inventeur d'un réfrigérateur qui fonctionnait sans électricité.

Premières découvertes

Après avoir trouvé un emploi de fonctionnaire à Berne, Einstein continue à étudier la physique pendant de longues heures chaque jour. C'est ainsi qu'en 1905 il publie plusieurs articles très importants qui exposent de nouvelles théories scientifiques.

Einstein découvre de minuscules particules présentes dans les rayons lumineux. Elles seront appelées « photons » en 1924.

La consécration

En 1921, Einstein reçoit le prix Nobel de physique pour ses recherches sur l'effet photoélectrique. Mais sa plus grande découverte reste la théorie de la relativité et sa célèbre formule : $E = mc^2$. Elle a bouleversé toute notre vision de l'Univers.

Dangers atomiques

Au début de la Seconde Guerre mondiale, Einstein craint que les Allemands construisent une bombe atomique. Il écrit alors au président des États-Unis pour l'alerter du danger. Il incite ainsi sans le vouloir les Américains à fabriquer leurs propres bombes. Elles feront plus de 200 000 morts au Japon en 1945.

Dico

L'effet photoélectrique est un phénomène qui transforme la lumière en courant électrique.

À LA CONQUÊTE DE L'ESPACE !

À tour de rôle, les États-Unis et la Russie (devenue Union soviétique en 1922) ont fait progresser l'exploration spatiale. Retour sur quelques « premières fois » marquantes.

1926

Dès son adolescence, l'Américain Robert Hutchings Goddard se passionne pour les fusées. Il expérimente des modèles miniatures, dont l'un s'envole jusqu'à une hauteur de 12 mètres en un peu plus de 2 secondes. On est encore loin de l'espace !

1903

Considéré comme le père de l'astronautique moderne, le scientifique russe Constantin Tsiolkovski est le premier à penser à utiliser des carburants liquides pour propulser des fusées. Il aime dessiner les plans de ce qu'il appelle alors ses « vaisseaux spatiaux ».

COMBIEN DE FOIS L'HOMME A-T-IL MARCHÉ SUR MARS ?
Réponse p. 48.

Né au Cameroun, le chimpanzé Ham ne s'attendait pas à vivre une expérience aussi incroyable que celle d'un vol spatial. Pourtant, c'est lui que l'Agence spatiale américaine (la NASA) choisit d'envoyer à 250 kilomètres du sol pendant 6 minutes. Il est l'un des premiers êtres vivants à être revenus sains et saufs d'un vol spatial.

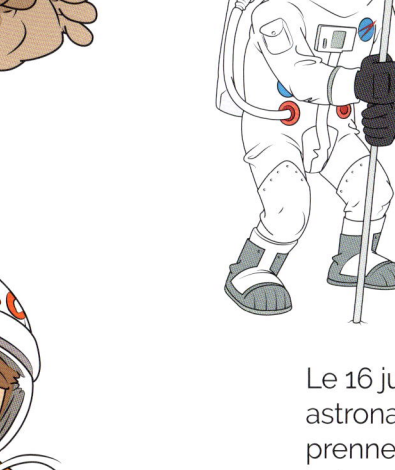

Dico

Le nom donné aux voyageurs spatiaux diffère en fonction de leur pays d'origine : **un cosmonaute** est envoyé dans l'espace par la Russie, **un astronaute** par les États-Unis et **un spationaute** le plus souvent par la France.

Le 16 juillet 1969, trois astronautes américains prennent le chemin de la Lune à bord de la fusée de la mission Apollo 11. Ils y atterrissent quatre jours plus tard. Neil Armstrong est le premier homme à poser le pied sur l'astre. Des millions de téléspectateurs assistent à ce spectacle en direct à la télévision.

L'ouvrière soviétique Valentina Terechkova est choisie parmi plusieurs centaines de candidates pour devenir la première femme à aller dans l'espace. La cosmonaute reste à ce jour la seule femme à avoir effectué une mission spatiale en solitaire.

RÉPONSES AU QUIZ

p. 4   La Chine se trouve en Asie.

p. 7   Non, le bois flotte dans l'eau.

p. 8   Le soleil est le plus haut dans le ciel à midi.

p. 23   Il y a mille grammes dans un kilogramme.

p. 40   L'auteur du *Petit Prince* est Antoine de Saint-Exupéry.

p. 46   L'homme n'est jamais allé sur Mars. En revanche, douze astronautes ont marché sur la Lune depuis 1969.

D'après la série télévisée d'Albert Barillé
et les dessins de Jean Barbaud
TM&© Procidis
www.hellomaestro.com

Texte : Laure Boyer
Direction éditoriale : Guillaume Pô
Édition : Sarah Hamon
Direction artistique : Armelle Riva
Conception graphique et mise en page : François Egret pour Amulette
Fabrication : Audrey Bord et Thierry Dubus

L'éditeur tient à remercier Virginie Grandval pour son aide précieuse.

DVD
Les mesures du temps – Léonard de Vinci
© 1994, Procidis © 2016, Sony Music Entertainment
Prémastering : Hiventy

© 2016, Fleurus Éditions
Dépôt légal : août 2016
ISBN : 978 2 215 15718 2
MDS : 592293
N° d'édition : J16145

Achevé d'imprimer en octobre 2016 sur les presses de l'imprimerie Jelgavas Tipografija (Lettonie).
Loi n° 49-956 du 16 juillet 1949 sur les publications destinées à la jeunesse.

Dans la même collection

À paraître
Il était une fois… la vie
Il était une fois… les explorateurs

QUAND ONT-ILS VÉCU ?

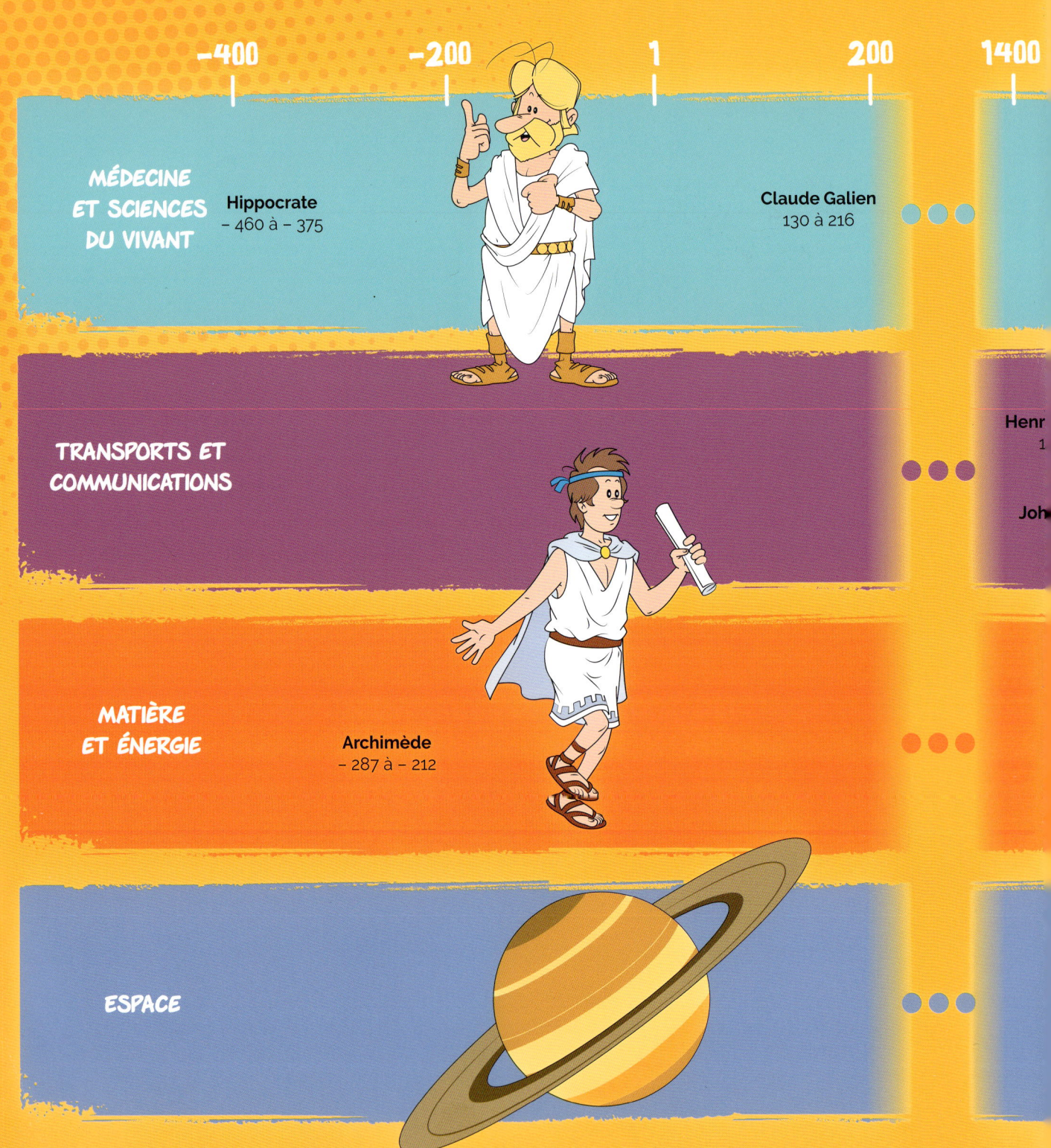

-400   -200   1   200   1400

MÉDECINE ET SCIENCES DU VIVANT

Hippocrate
– 460 à – 375

Claude Galien
130 à 216

TRANSPORTS ET COMMUNICATIONS

Henr

Joh

MATIÈRE ET ÉNERGIE

Archimède
– 287 à – 212

ESPACE